지은이 킨초이 람

킨초이 람은 홍콩에서 활동하고 있는 화가이자 그림책 작가, 판화가입니다.
앵글리아 러스킨 대학교에서 어린이 책 삽화로 석사 학위를 받았습니다.
주로 일상생활을 친근한 시선으로 바라볼 때 드러나는 경이를 작품에 담습니다.
2021년 배츠포드 상을 수상하였고, 2020년 세계 일러스트레이션 상과
볼로냐 국제아동도서전 일러스트레이터전 최종 후보에 오르기도 했습니다. 주요 저서로는
2017년에 발표한 《작지만 큰 전차》를 비롯하여 《멧돼지의 빵집》, 《화성으로의 여행》 등이 있습니다.
kinclam8@gmail.com으로 작가와 언제든지 연락을 주고받으세요.

옮긴이 김미선

중앙대학교 사학과 졸업 후 미국 마켓 대학교에서 커뮤니케이션으로 석사 학위를 받았습니다.
현재 어린이·청소년 책 출판 기획 및 전문 번역가로 활동하고 있습니다.
옮긴 책으로 《디즈니 알라딘: 파 프롬 아그라바》, 《아홉 살에 처음 만나는 별자리》,
《런던의 마지막 서점》, 《세균과 바이러스에 감염된 세계사》 등이 있습니다.

세상 모든 유목민 이야기

1판 1쇄 2022년 12월 17일
1판 2쇄 2023년 6월 28일

지은이 | 킨초이 람
옮긴이 | 김미선

펴낸이 | 류종필
편집 | 박병익
마케팅 | 이건호
경영지원 | 김유리
디자인 | 양X호랭 DESIGN

펴낸곳 | (주)도서출판 책과함께
　　　　주소 (04022) 서울시 마포구 동교로 70 소와소빌딩 2층
　　　　전화 (02) 335-1982
　　　　팩스 (02) 335-1316
　　　　전자우편 prpub@daum.net
　　　　블로그 blog.naver.com/prpub
　　　　등록 2003년 4월 3일 제2003-000392호

잘못된 책은 구입하신 서점에서 바꾸어 드립니다.

ISBN 979-11-91432-95-4 77380

세상 모든 유목민 이야기

킨초이 람 지음, 김미선 옮김

책과함께어린이

차례

들어가며　5

방랑자의 삶:
유목민은 누구인가요?
6

롬
36

롬

투아레그
18

마사이
44

야노마미
60

네네츠 28

몽골 유목민 8

사마바자우 52

맺음말 68
용어 해설 72

들어가며

사하라 사막 중심부를 여행하던 중이었습니다. 불현듯 이 책을 써야겠다는 생각이 들었어요. 사막 안 아무리 깊숙한 곳이라 해도, 가축을 몰고 전기 시설 하나 없는 임시 숙소로 물을 옮기는 사람들이 있었거든요. 저는 경험 많은 여행가랍니다. 나라와 집을 셀 수도 없이 많이 옮겨 다녔지요. 하지만 네 방향으로 난 벽 위에 지붕이 있는, 언제나 내 집이라 부를 수 있는 공간이 있었어요. 집에 대해 생각하면 할수록 궁금한 점이 샘솟았어요. 무엇을 집이라 할 수 있을까, 왜 우리는 물건과 사방이 막힌 벽에 그토록 의지하는 것일까? 그리고 왜 우리는 기후와 자연으로부터 그토록 멀어진 것일까?

유목민들은 대대로 전해져 내려오는 지식에 기대 저 드넓은 세상 속에서 자신들의 안전을 지킵니다. 북극 툰드라에서 불어오는 바람의 방향을 따라 순록에게 먹일 풀을 찾아가요. 아마존 열대 우림의 수천 가지 식물 중에서 무엇이 영양이 풍부하고 무엇이 약초인지 구분할 줄 알고요. 이들은 뛰어난 건축가라서 하루 만에 집을 짓고 부술 수 있지요. 게다가 솜씨 좋은 공예가이기도 해요. 금속 세공이며 직물을 짜는 일 등 못하는 일이 없지요. 공동체와 종교는 단단한 벽으로 이루어진 건물이 아닌, 전통과 상호 존중, 그리고 정신적인 가치를 제공한다는 면에서 유목민들의 삶에 중요한 역할을 합니다.

이 책에서 우리는 다양한 유목민들의 생활을 살펴볼 거예요. 그 어느 때보다도 현재와 깊은 관련이 있지요. 지구 온난화라는 문제와 맞물려 우리의 생활 방식을 되돌아봐야 하는 이때, 환경에 맞추어 살아가는 문화를 눈여겨보는 것이 무엇보다도 중요합니다. 환경을 마음대로 쥐고 흔드는 것이 아닌, 생태계 안에 우리를 맞추는 삶 말이에요.

너와 나를 벽이나 경계로 구분 짓지 않고, 소유물에도 덜 신경 쓰는 세상에 대해 생각해 보고 싶습니다. 그러면 우선 우리의 진정한 집, 그러니까 우리의 지구를 지키는 방법에 대해 열린 마음을 가져야 하지 않을까요.

킨초이 람

방랑자의 삶: 유목민은 누구인가요?

옛날 옛날, 1만 2천 년 전까지 거슬러 올라가, 우리는 지구 곳곳을 유랑하며 살았어요. 먹을거리를 얻기 위해 사냥을 했고 때로는 우리가 사냥감이 되기도 했지요. 우리는 작은 부족을 이루어 옮겨 다녔고 서로에게 정령과 조상에 관한 이야기를 들려주었습니다. 그리고 점점 나름대로의 문화를 만들어 갔어요. 양육 방식과 생활 방식, 우리를 표현하는 방식, 그리고 환경과 더불어 사는 독자적인 방법을 창조했지요.

사람들은 점차 한곳에 정착하여 평생 살 집을 지었고 농작물을 길렀어요. 그리고 염소나 돼지, 닭과 같은 동물들을 가축으로 키웠지요. 이를 가리켜 '신석기 혁명'이라 부릅니다. 한곳에 정착하여 살게 되자 사람들은 안정과 부를 이루었어요. 그래서 사람들 대부분이 유목민으로 살던 방식을 내려놓았지요. 아이들은 농사를 지을 때 일손을 덜어 주었고 그 덕분에 인구가 폭발적으로 늘어났어요. 이렇게 공동체의 규모가 점점 커지자, 질서를 만들고 체계적으로 꾸려 나가기 위해 정부와 나라가 탄생했어요.

정착하여 살고 싶다는 생각도 들 법했지만, 일부 유목민들은 방랑하는 생활을 이어 나갔습니다. 환경에 맞춘 유연한 생활 방식 덕택에 군사적으로는 이득도 있었어요. 기원전 5세기 즈음에 살았던 스키타이인들은 무시무시한 기마병들이었습니다. 12세기에 몽골인들은 남중국에서 우크라이나에 이르기까지 역사상 가장 넓은 땅을 다스렸지요.

하지만 지난 100년 동안 유목민의 삶은 이전보다 더 어려워졌습니다. 농사를 짓느라 많은 땅이 사유지가 되었고, 결국 사람들은 사유지를 건너 마음대로 이동할 수 없게 되었지요. 광산업과 산업화로 자연이 훼손되자 사람들은 사냥을 하고 가축을 몰고 다니기 어려워졌어요. 정부에서는 유목민들이 정착해서 살기를 강요하기도 합니다. 그래야 교육과 의료를 비롯해 현대 사회의 이점을 누릴 수 있다면서요.

이렇게 수많은 역경에도 불구하고, 전 세계의 몇몇 유목민들은 여전히 전통적인 삶을 고수했습니다. 이러한 유목민 문화는 세 가지로 나눌 수 있어요. 우선 사마바자우인과 같은 수렵인들은 자신들이 잘 알고 있는 상대적으로 작은 지역을 이동하며 생계에 도움이 될 만한 동물과 식물을 찾습니다. 네네츠인과 몽골 유목민은 소와 순록 같은 가축에 의존하여 살지요. 이들은 계절이 바뀌면서 풀이 자라는 경로를 따라 커다란 원을 그리며 이동합니다. 롬과 같은 교역상들은 정착지를 따라 일을 하며 사는데, 주로 물건을 팔거나 노동을 하며 생계를 꾸려 나갑니다. 하지만 한곳에 머물지 않고 옮겨 다니며 살아요.

이 책에서 우리는 오늘날에도 여전히 융성한 일곱 가지 유목민 사회의 전통과 생활 방식을 살펴볼 거예요. 각 유목민들은 환경과 문화에 따라 다양한 특징이 있지만, 공통점도 많답니다. 모두들 이동하기 편리한 삶을 살아가고 있다는 것이지요. 그래서 금세 만들고 해체할 수 있는 텐트나 유르트, 이동식 주택을 가지고 다닙니다. 물건의 가짓수도 최소화하여 꼭 필요한 것만 들고 다녀요. 그렇지 않으면 짐 무게 때문에 힘들어지니까요. 유목민들은 매우 극단적인 환경 속에서 살아갑니다. 아직 그 누구의 소유가 아닌, 개방된 땅이 여전히 많거든요. 그리고 유목민들은 자신들이 사는 지역의 생태계와 다양한 생물에 대해 나름대로의 지식이 있기 때문에, 주위 환경을 잘 관리하고 보호하면서 자신들에게 필요한 것을 얻습니다.

유목민들의 문화를 통해 우리는 어떻게 환경과 더불어 지속 가능한 삶을 살 수 있을지 배울 수 있습니다. 유목민의 문화는 비록 기록에서 많이 빠져 있으나, 수천 년 전으로 거슬러 올라가 역사의 중심부에 자리 잡고 있어요. 그들은 현재의 우리에게 과거를 엿볼 수 있는 단서를 제공합니다. 방랑하며 사는 삶 속에서 우리는 많은 지식과 지혜를 찾을 수 있어요.

몽골 유목민

몽골에서는 사람들이 드문드문 퍼져서 삽니다. 영토는 한반도보다 7배나 넓은데 인구는 300만 명밖에 되지 않아요. 스텝이라 부르는 광활한 초원이 텅 빈 땅 너머로 쭉 뻗어 있지요. 몽골은 고도가 높으며 춥고 바람도 많이 부는데, 겨울에는 온도가 영하 30도씨까지 곤두박질치다가도 여름이 되면 48도씨에 이를 정도로 몹시 뜨겁답니다.

몽골은 유목민 황제가 다스렸던 나라예요. 가장 유명한 황제였던 칭기즈 칸은 1206년에서 1227년까지 전 세계에서 가장 넓은 영토를 다스렸지요. 1960년대까지만 해도 몽골 인구의 4분의 3이 유목민이었어요. 오늘날에는 유목민 인구가 3분의 1까지 줄었지요. 가축이 풀을 뜯는 경로를 따라 이동하며 사는 사람들의 생활 방식은 수백 년이 지난 지금까지도 바뀌지 않았답니다.

게르에서 살아요

몽골의 가족들은 게르라 부르는 둥그런 텐트에서 삽니다.

게르의 지붕을 천장이라 불러요. 나무와 갈대, 천이 주재료인데, 가운데가 볼록한 자전거 바퀴 모양으로 엮어서 만들어요. 천장은 게르의 가장 중요한 부분으로서, 대대손손 전해져 내려온답니다.

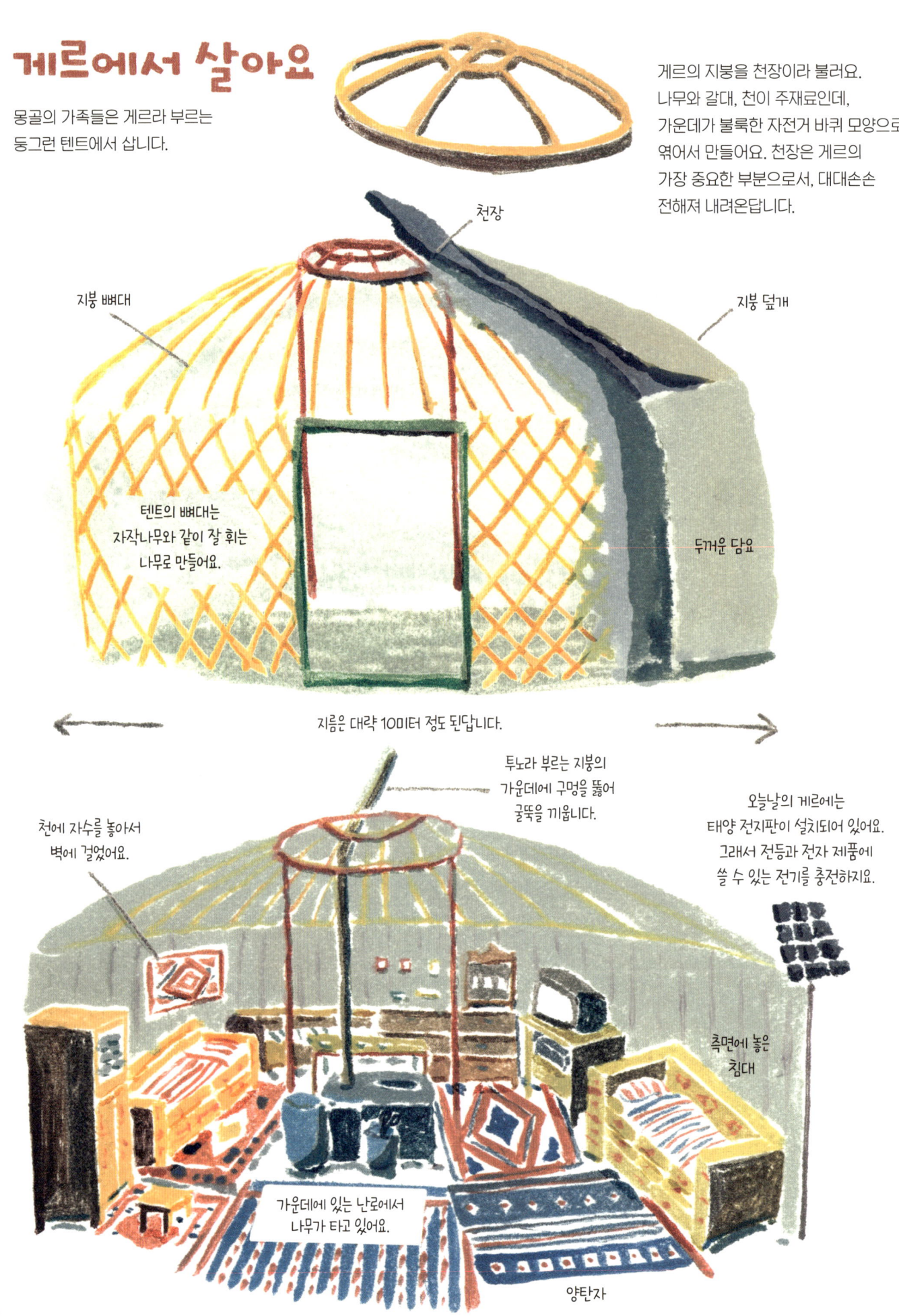

천장

지붕 뼈대

지붕 덮개

텐트의 뼈대는 자작나무와 같이 잘 휘는 나무로 만들어요.

두꺼운 담요

지름은 대략 10미터 정도 된답니다.

투노라 부르는 지붕의 가운데에 구멍을 뚫어 굴뚝을 끼웁니다.

천에 자수를 놓아서 벽에 걸었어요.

오늘날의 게르에는 태양 전지판이 설치되어 있어요. 그래서 전등과 전자 제품에 쓸 수 있는 전기를 충전하지요.

측면에 놓은 침대

가운데에 있는 난로에서 나무가 타고 있어요.

양탄자

세찬 바람이 대평원에서 쉴 새 없이 불어옵니다.
게르의 유연한 뼈대는 강풍과 극단적인 기온에
견딜 수 있도록 설계되었어요.

양털로 두꺼운 천을 짜서 소음을 막습니다.
둥그런 모양 덕분에 바람이 어느 방향에서 불어와도
끄떡없어요. 위가 뚫려 있는 투노 지붕으로는
신선한 공기가 드나들 수 있지요.

우기에는 게르 주위에 둥글게
연못을 파서 게르가
무너지지 않게 해 주어요.

게르는 대체로 세 시간 안에 조립하고
단번에 해체할 수 있어요.
그다음 야크나 낙타의 등 위에 올려서
다음 목적지로 가지고 갑니다.

이동하는 날은 매우 중요해요.
가장은 제일 멋진 옷을 입곤 하지요.
이동을 준비하다 다툼이 일어나면
불길한 징조로 여깁니다.

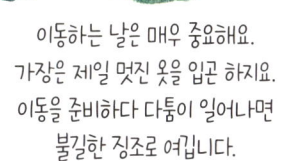

가축을 따라 여행해요

유목민들은 100마리에서 1,000마리 사이의 동물을 데리고 무리 지어 여행을 다녀요. 동물은 대부분 양과 염소이지만 야크와 개, 말과 낙타도 있지요.
유목민은 말과 가축을 많이 소유할수록 부자로 칩니다.

북부 지방에서 유목민들은 일 년에 단 두 번만 이동하며 가축들을 방목합니다. 봄에는 저지대의 초원으로 내려갔다가 가을이 되면 높은 산으로 올라간답니다.

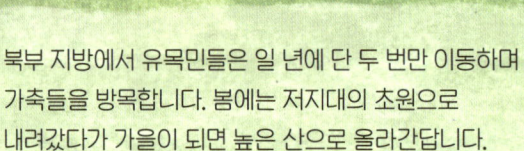

호수가 수백 개나 있어요. 그중에 우브스 호수가 가장 크지요.

울란바토르(수도)

몽골 중심부는 산악 지대와 숲입니다.

남쪽에 있는 고비 사막은 국토의 30퍼센트를 차지해요.

몽골의 남쪽은 물이 거의 없기 때문에, 양치기들은 일 년에 적어도 스무 번 이상 움직여야 해요.

일반적인 집처럼 계속해서 살 수는 없지만, 게르에는 소파와 가구, 여기에 냉장고와 텔레비전까지 편리한 시설이 갖추어져 있답니다. 이밖에 어떤 생활용품이 있는지 볼까요.

음식과 음료를 담는 용기

요리와 난방에 쓰는 장작 난로

작은 찬장 위에 커다란 그릇을 올려 싱크대로 사용해요.

가족사진

작은 불상을 놓아서 제단으로 꾸며요.

잠을 잘 수 있는 침대 겸 소파

간이 의자

샤가이라 부르는 양의 복사뼈를 보드 게임의 말로 사용하지요.

전통적으로 몽골의 유목민들은 말을 타면서 가축 떼를 몰고 위험으로부터 지켜 주었어요. 오늘날에는 오토바이를 타고 가축을 돌볼 때가 많지만, 몽골인은 여전히 자신의 승마 실력을 자랑스레 뽐낸답니다. 그리고 대부분의 가족들이 말을 몇 마리씩 가지고 있어요.

몽골의 말은 작지만 튼튼해요.

안장을 얹고 탈 때도 있고 그냥 맨등 위에 탈 때도 있어요.

몽골 말은 절대 편자를 박지 않습니다.

어떤 옷을 입을까요

유목민들은 델이라 부르는 무겁고 헐렁한 외투를 입어요.
여기에 길고 알록달록한 허리띠를 매지요.

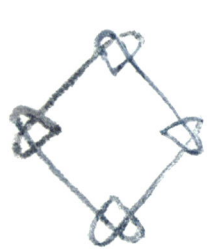

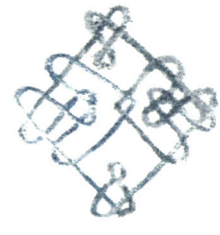

몽골의 유목민들은 언제나 모자를 써요.
여름에는 햇볕으로부터 피부를 보호해 주는
모자를 쓰고, 겨울에는 털을 덧댄 모자를 쓰지요.

전통 부츠는 가죽으로 만드는데,
발끝이 위로 올라간 모양이에요.
겨울에는 두꺼운 천을 덧대요.

무엇을 먹을까요

유목민들은 주로 자신들이 키우는 가축을 통해 음식을 얻습니다.
여름에 해당하는 달을 흔히 '하얀 달'이라 부르는데,
암컷에게서 짠 젖으로 음식을 만들어 먹어요.
그래서 이 시기에는 우유와 요거트, 치즈 등 유제품을 많이 먹지요.
겨울에 해당하는 달을 '붉은 달'이라 부르는 이유는
주로 고기를 먹기 때문이에요.

부즈는 고기가 들어간 찐만두예요.

허르헉은 뜨겁게 달군 돌로 익혀 먹는 요리예요.

아이락은 암말의 젖을 발효하여 만든 음료입니다.

몽골 서부 지역에서는 카자흐 유목인이 독수리를 이용한
사냥 기술을 연마합니다. 말 위에 올라타면 검독수리가 사람의
팔 위에 내려앉아요. 겨울에 음식이 부족하면 검독수리가
날아올라 여우나 토끼를 사냥하지요.

알 수 없는 미래

기후 변화는 몽골의 날씨에도 많은 영향을 끼치고 있습니다. 조드라 불리는 날씨 때문에 건조하고 뜨거운 여름에 이어 혹독한 겨울이 불어 닥쳐요. 이러한 기후는 점점 더 잦아지고 있는데, 특히 가축에 의존하여 사는 유목민에게는 재앙이나 다름없습니다. 가축들이 여름에 먹이를 충분히 먹어 살찌울 수 없고, 겨울에는 매서운 추위를 견딜 수 없기 때문이에요.

2009년에 1만 마리가 넘는 소들이 조드로 목숨을 잃었습니다. 그래서 많은 유목민들이 원래 일구던 생활을 포기하고 수도인 울란바토르로 이주할 수밖에 없었어요.

도시 변두리에 게르 집단 거주지가 해마다 늘어나고 있어요. 이러한 '게르 빈민가'에는 제대로 된 하수 시설이 없고 전력 공급도 받을 수 없어요. 그래서 난방과 요리를 할 때 석탄을 때야 하는데, 여기에서 나오는 매연이 심각한 공기 오염을 일으키고 있어요.

대초원 지역에 살기를 선택한 유목민들까지도 자신의 아이들만은 교육을 받고 한곳에 정착하여 살기를 바라고 있어요. 그래야 안정된 미래를 보장받을 수 있으니까요.

투아레그

투아레그인은 지구에서 가장 극한 환경 중 한곳에서 살아요. 바로 사하라 사막이지요. 수세기에 걸쳐 낙타를 타고 리비아와 말리, 부르키나파소, 니제르에 이르기까지 200만 제곱킬로미터가 넘는 지역을 이동했습니다.

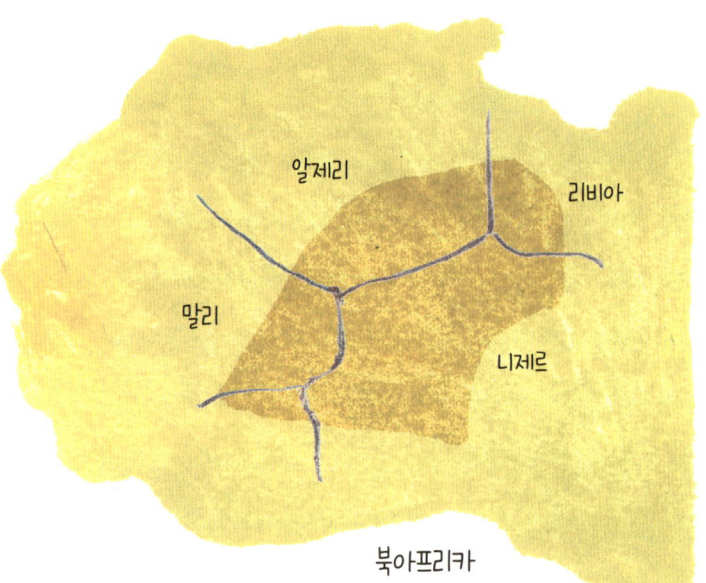

북아프리카

낙타가 정해진 길을 따라 승객을 태우고 물건을 싣고 열을 맞추어 지나갑니다.

몇 백 년 동안 투아레그인은 북아프리카의 교역로를 완전히 독점했답니다. 그들은 소금과 금, 상아를 가지고 사막을 넘어 항구로 왔고 한때는 노예도 데리고 왔어요. 물건과 노예 들은 항구에서 팔려 전 세계로 수송되었지요.

20세기 중반, 길이 뚫리고 자동차와 기차가 등장하자
이전에는 닿을 수 없던 곳까지 연결되었어요.
그러자 투아레그인의 영향력이 약해지고 말았지요.

'투아레그'라는 말은 아랍어지만
어디에서 유래되었는지는 알 수 없어요.
투아레그인들은 스스로를 '이모하그'라고 불러요.
'자유로운 사람'이라는 뜻이지요.
또한 '파란 사람들'이라고도 알려져 있는데,
그 이유는 남자들이 타겔무스트라고 부르는
독특한 남색 두건을 둘러서 피부를 파랗게
보이도록 하기 때문이에요.

"집은 살아 있는 자의 관이다."
투아레그 속담

언제라도 떠날 수 있도록

투아레그인은 여행하는 동안 간단히 꾸려서 다음 목적지까지 가지고 갈 수 있는 텐트에서 살아요. 투아레그인의 텐트는 나무를 둥글게 구부려서 틀을 만들고 그 위에 염소 가죽을 덮어서 만듭니다. 텐트 안에는 짚을 엮어 만든 매트를 벽에 붙여요. 그러면 통풍이 잘 되고 모래가 안으로 들어오는 것도 막아 준답니다. 매트는 개인 공간을 구분해 주는 칸막이로도 쓰여요.

투아레그인은 암가르라는 우두머리의 지휘 아래 대가족이 무리를 이루어 여행해요.
부유한 상류층일수록 더 크고 멋진 텐트에 살지요.

'텐트를 만들다'라는 문구는 투아레그 언어로 '결혼하다'라는 뜻이에요.

다른 전통 사회와는 달리, 투아레그 문화에서는 여성을 동등하게 대우한답니다. 부부가 결혼을 하면 그들만을 위한 텐트를 만들고, 부인의 이름을 따서 텐트의 이름을 지어요. 텐트는 부인의 것이기 때문에, 나중에 부부가 이혼을 한다면 (아주 흔한 일이라 사람들이 못마땅해하지는 않아요) 남편은 텐트를 떠나야 한답니다.

타카바르트는 겨울에 임시로 짓는 오두막이에요.

타가잠트는 아도비(짚과 섞은 점토) 진흙으로 만든 집인데, 좀 더 오래 머물 때 지어요.

무엇을 먹을가요

투아레그인은 유제품과 과일, 곡물로 만든 음식을 주로 먹어요.
대표적으로 쿠스쿠스가 있지요.
고기는 특별한 경우에만 먹어요.

염소의 젖으로 치즈와 요거트를 만들어요.
에가지라는 수수와 염소젖 치즈, 대추,
그리고 우유를 넣어 만든 음료이지요.
낙타젖도 인기가 많답니다.

타구엘라는 납작한 빵이에요. 숯 위에서 구운 다음
뜨거운 모래에 묻어 두어요.

아타이는 평소에 마시는 녹차예요.
설탕을 듬뿍 넣어 먹지요.

사막에서 생활하려면 항상 물을 가지고 다녀야 해요.
예전에는 염소 가죽을 물통으로 만들어 쓰고는 했지만,
이제는 트럭 타이어 안에 있는 튜브에 물을 채워 다니는 모습을
흔히 볼 수 있답니다.

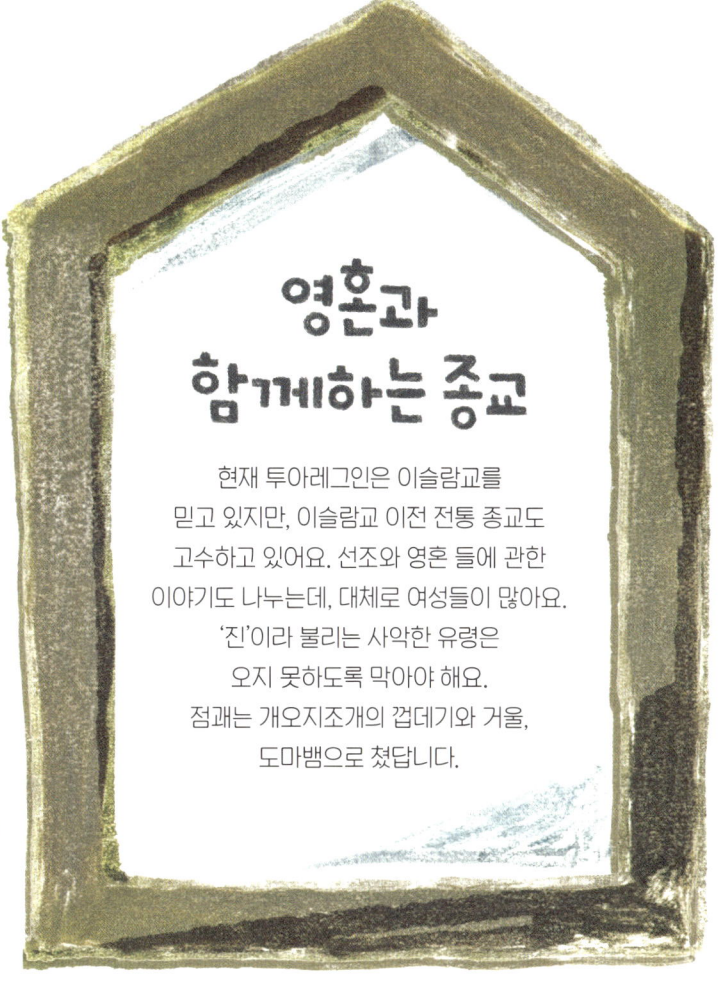

영혼과 함께하는 종교

현재 투아레그인은 이슬람교를 믿고 있지만, 이슬람교 이전 전통 종교도 고수하고 있어요. 선조와 영혼 들에 관한 이야기도 나누는데, 대체로 여성들이 많아요. '진'이라 불리는 사악한 유령은 오지 못하도록 막아야 해요. 점괘는 개오지조개의 껍데기와 거울, 도마뱀으로 쳤답니다.

위계질서가 명확해요

투아레그인의 사회는 위계질서가 매우 명확해요. 부유한 상류층과 전사들은 낙타가 이끄는 대규모 교역을 담당해요. 그 아래에는 양치기와 장인 들이 있고, 바닥은 자질구레한 일을 도맡는 일꾼들 차지랍니다. 일꾼들은 급료도 못 받고 일했지만, 최근에는 이러한 관습이 폐지되었어요.

모래 바람에도 끄떡없는 타겔무스트

사하라 사막의 기후는 극과 극이에요.
여름에는 기온이 50도씨까지 치솟지요.
겨울에는 밤에 영하로 곤두박질쳐요.

투아레그 남자는 햇빛과 모래 먼지로부터 눈을 보호하고
나쁜 영혼이 몸속으로 들어오는 것을 막기 위해
독특한 파란색 두건을 씁니다. 이것을 타겔무스트라
부르는데, 니제르에서 들여온 남색 천을
기다란 끈 모양으로 꿰매어 만들어요.

남자는 25살이 되면 두건을 쓰기 시작해요.
결혼할 때가 되었다는 말이지요. 마라부트라 부르는
정신적 지도자가 주도하는 특별한 의식을 통해
처음 두건을 두릅니다.

타겔무스트 쓰는 법

두건은 눈을 제외하고 얼굴을 전부 가려요.
그리고 절대 벗는 법이 없지요. 심지어 가족들 앞에서도 말이에요.

금속 공예에 뛰어나요

투아레그의 장인을 이네단이라 부르는데, 뛰어난 세공 기술로 유명해요. 옛날부터 사막에 살 때 필요한 것이라면 무엇이든 손수 만들었어요. 텐트에서부터 가방, 말안장, 칼, 침구, 악기와 장신구까지 모두요. 특히 화려한 장식으로 유명한 은세공은 어디에서나 찬사를 받았어요. 예전에는 목걸이 장식 하나가 어린 낙타보다 더 비쌌다고 해요.

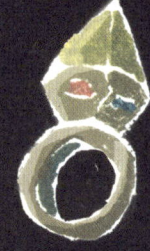

타나길트 또는 투아레그 십자가는 장식이 달린 목걸이예요. 아버지는 아들에게 이렇게 말하며 목걸이를 물려주었지요. "네게 세상의 네 모서리를 주마. 왜냐하면 사람은 어디에서 죽을지 모르기 때문이다."

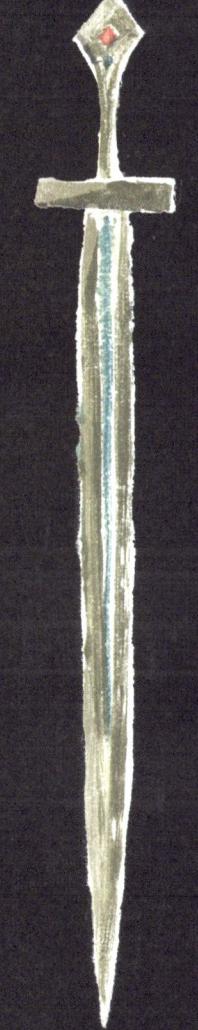

타코바는 1미터 정도 길이의 양날 검이에요. 투아레그인은 철을 만지는 것을 좋아하지 않기 때문에 칼자루는 항상 덮개로 덮여 있어요.

오늘날 투아레그인은

기후 변화 때문에 사하라 사막이 점점 넓어지자, 투아레그인은 어쩔 수 없이 인구가 많은 사막 북쪽과 남쪽으로 이동하고 있어요. 많은 이들이 시내에 자리를 잡고 유목민의 전통을 포기하고 말았어요. 어떤 이들은 양치기나 일꾼이 되어 잡다한 일을 하며 생계를 꾸려 나갑니다.

일부 국가에서는 투아레그인에 대한 차별이 문제가 되고 있어요. 그리고 새로 들어선 정부는 투아레그인이 살던 땅을 개발하고 있고요.

한 예로, 니제르에서는 투아레그인이 살던 땅에 우라늄이 풍부하게 매장되어 있다는 사실이 밝혀졌어요. 이들이 예전부터 살던 땅은 이제 광산 회사로 넘어가 버렸고 목초지는 방사능 폐기물로 오염되고 말았어요.

일부 유목민들의 문화는 명맥만 겨우 유지하고 있어요. 소금 무역상은 말리와 니제르를 거쳐 갑니다. 지금은 거의 트럭에 싣고 이동하지만, 투아레그인과 소금 광산업자들 사이의 오랜 관계 덕분에 낙타를 이용한 무역상이 여전히 운영되고 있어요. 낙타는 최대 150킬로그램이나 나가는 거대한 소금 덩어리를 싣고 장장 600킬로미터 거리를 여행한답니다.

네네츠

네네츠인은 북극권 한계선 근처, 야말 반도라 불리는 시베리아의 외진 곳에서 목축업을 하며 살아가는 유목민이에요.

해마다 네네츠인은 거대한 순록 무리를 이끌고 1,000킬로미터나 되는 거리를 여행합니다. 가축들에게 먹이가 되어 줄 이끼를 따라가는 것이지요. 여름이면 북극 해안을 따라 이동하고요, 겨울에 영하 50도씨 아래로 내려가면 툰드라 숲을 향해 남쪽으로 내려갑니다. 이동 중에는 48킬로미터나 되는 오브 강의 얼음 위를 건너기도 해요.

야말 반도는 한반도의 8배 크기랍니다.

오브 강

'야말'이라는 말은 네네츠인의 언어로 '세상의 끝'이라는 뜻이에요.

툰드라는 북극 근처, 나무가 거의 없는 광활한 평원이에요. 땅이 계속 얼어 있기 때문에 풀과 작은 나무만이 살아남을 수 있지요.

일 년 중 특정한 시기에는
이틀에 한 번 꼴로 캠프를 옮겨요.

순록을 일렬로 세우면 8킬로미터나 이어질 수 있어요.

네네츠인은 사모예드라는 이름으로도 알려졌어요.
러시아 사람들이 시베리아 북쪽에 사는 소수 민족을 가리키던 용어였지요.
사모예드를 문자 그대로 해석하면 '스스로를 먹는 자들'이라는 뜻인데,
지금은 무례한 말이라 여겨집니다.

순록 중심의 생활과 신앙

네네츠인은 두 가지 부류가 있어요. 그중에서 툰트라 네네츠가 가장 많지요. 이들은 머나먼 북쪽에 살아요. 칸데야르라고도 불리는 숲 네네츠는 상대적으로 수가 적으며 남쪽의 삼림 지역에 주로 거주합니다. 두 집단은 서로 다른 언어를 쓰기 때문에 상대의 말을 알아듣지 못해요.

하지만 두 집단 모두 순록을 사랑하는 마음은 같답니다. 네네츠인의 삶에서 순록은 가장 소중한 존재니까요. 이들은 순록이 본능적으로 이동하는 경로를 따라다니며 순록 고기를 먹고, 순록 모피를 입으며, 순록 가죽으로 만든 텐트에서 생활합니다. 도구와 무기도 순록의 뼈로 만든답니다.

네네츠인의 코트를 말리차라 부르는데, 안쪽에 털을 덧대고 순록의 힘줄로 꿰매서 만들어요.

순록 고기는 보통 날것으로 먹습니다. 가끔 수프에 넣어서 요리하기도 해요.

겨울에 남자들은 말리차 위에 순록 가죽을 하나 더 겹쳐 입어요. 이 옷을 가리켜 구스라 부르는데, 영하 50도씨 밑으로 떨어지는 추위 속에서도 잠을 잘 수 있을 정도로 매우 따뜻하답니다.

순록은 네네츠인의 종교에서도 중요한 역할을 해요.
인간과 순록 사이에는 신성한 연결 고리가 있다고 믿지요.
인간은 반드시 순록과 함께 다녀야 하고 이동할 때 그들을
보호해 주어야 해요. 그동안 순록은 음식과 이동 수단을
인간에게 제공하지요. 네네츠인은 저마다 신성시하는 순록이
있어요. 신성한 순록은 더 이상 걷지 못할 때까지
목줄을 걸거나 도축하면 안 됩니다.

네네츠인은 여러 신을 믿습니다. 자신들의 땅과 자원을 돌보아 주는 신들이에요.
여행하는 동안 네네츠인은 신성한 썰매 위에 나무를 깎아 만든 인형과 곰 가죽,
행운을 가져다주는 동전 등을 싣고 다녀요. 이 특별한 썰매에 실은 물건 꾸러미는
부족의 연장자가 어떤 행사나 종교적인 의식이 있을 때에만 풀 수 있지요.

타디비아라 부르는 무당이 노래를 부르고 이야기를 들려주며 전통을 이어 갑니다.
무당이 황홀한 상태에 빠지도록 북을 두드리기도 해요.

텐트에서 살아요

네네츠인이 사는 텐트는 춤이라 불러요. 미국의 아메리카 원주민들이 쓰던 티피 텐트와 생김새가 비슷하지요. 기다란 나무 기둥을 세우고 그 주위에 사슴 가죽을 드리워서 고깔 모양으로 만듭니다. 각 가족마다 춤에서 생활하면서 바닥에 서로 꼭 붙어 잠을 잔답니다.

뼈대는 4미터 길이의 전나무 33개로 이루어져 있어요.

일단 구조물을 짓고 나면, 무거운 가죽을 덮고 밧줄로 끌어당겨서 고정해요.

난로는 난방과 요리용으로 쓰여요. 연기는 지붕 가운데에 뚫린 구멍을 통해 빠져나가지요.

겨울에는 바닥에 매트를 깔아요. 하지만 여름에는 걷어 내어 툰드라에 있는 썰매에 놓고 가요. 그리고 나중에 여행에서 돌아올 때 가지고 오지요.

네네츠인은 볼일을 볼 때 막대기를 가져가기도 해요. 순록들이 너무 친하게 굴어서 곤란할 때가 있거든요!

썰매와 짐 꾸러미는 텐트 주위에 반원 모양으로 늘어놓아요. 나무 인형이 실려 있는 신성한 썰매는 부족장의 텐트 뒤, 정확히 한가운데를 가리키도록 배치합니다.

겨울이면 얼음 구멍 밑에 커다란 그물을 넣고 낚시를 합니다. 어부들은 얼음물 속에 손을 넣어 차가운 손을 녹일 때도 있다나요!

천연자원이 가져온 변화

북극 툰드라 아래에는 엄청난 양의 석유와 천연가스가 있어요. 전 세계 매장량의 거의 4분의 1이나 되지요. 최근 네네츠인이 사는 땅에는 탐사 시추가 어마어마하게 일어나면서 야말 반도와 러시아의 다른 지역을 잇는 철도가 여기저기에 만들어졌어요.

이러한 변화는 네네츠인에게 득이 되기도 했지만, 반대로 해가 되기도 했어요. 채굴 산업 때문에 목초지의 환경이 많은 피해를 입었고, 네네츠인이 이동하는 경로를 막아 버리기도 했지요. 하지만 사람들이 경제적으로 안정된 삶을 살 수 있는 기회를 주기도 했어요. 일자리가 늘어나자 젊은 네네츠인은 이전의 떠돌아다니던 삶을 버리고 툰드라에 머무르기를 선택하고 있어요.

기후 변화도 네네츠인에게 영향을 주었습니다.
여름이 더워지자 식물이 이전과는 다르게 자랐고,
겨울이 찾아오는 시기가 늦어지며 유목민들과 가축들이
얼어붙은 강을 건너는 시기도 같이 늦어지고 말았습니다.
하지만 네네츠인은 미래를 융통성 있게 바라보며
새로운 현실에도 최선을 다해 적응하고 있어요.
또한 앞으로 닥칠 위기에 대응하여 자신들의 권리를 보호
할 수 있도록 다양한 활동도 펼치고 있답니다.

롬

롬은 유럽과 미국에서 볼 수 있는
유랑 집단이에요.

초기 롬은 인도 북서부의 라자스탄에서
출발하여 페르시아(지금의 이란)를 거쳐
10세기경에 발칸 반도와 동유럽으로
이동한 것으로 알려져 있어요.
이들에 대한 기록은 거의 남아 있지 않아
정확한 시기는 알 수 없지만,
롬이 쓰는 언어는 인도인이 쓰던
산스크리트어와 뿌리가 가깝답니다.

전 세계에서 롬으로 밝혀진 인구는
대략 1200만 명이에요. 그중에서
7백만 명이 유럽에 있는데,
대부분 루마니아와 불가리아에 살아요.

타타레 Tattare
(노르웨이)

로매니컬 Romanichal
(영국)

마누슈 Manouche
(프랑스)

칼레 Cale
(스페인)

역사적으로 롬과 그들이 유랑하던 지역에 정착해
살던 사람들 사이에서는 충돌이 잦았어요.
롬은 정착민들을 가리켜 '가지'라고 불렀습니다.
해석하자면 '시골뜨기' 또는 '야만인'이라는 말이에요.
반대로 정착민들은 롬을 '집시' 또는 '보헤미안'이라
불렀는데, 모욕적인 호칭으로 받아들여졌지요.

여행이 삶이에요

롬은 일반적으로 수백 년 동안 닦여 왔던 길을 따라 여행합니다. 그러다가 한곳에 잠시 쉬었다 가기도 하는데, 이들이 전통적으로 머물다 가는 곳을 '앗칭 탄'이라 불러요. 중세에 이곳의 땅 주인들은 롬에게 음식과 쉼터를 제공해 주며 그 대가로 단순 노동을 제공받았지요. 새로운 땅의 주인은 예전만큼 자비롭지 않기에, 마찰의 불씨가 남아 있을 수 있어요.

진티 Sinti
(독일)

'롬Rom'이라는 단어는 '루마니아Romania' 혹은 '돌아다니다'라는 뜻의 'roaming'과는 아무 관련이 없어요. 이 말은 단순히 롬이 쓰는 언어로 '사람'이라는 뜻이랍니다. 롬은 나라마다 다른 이름으로도 불려요.

산시스 Sansis
(카자흐스탄)

시클리가르스 Sikligars
(인도 북부)

코울리 Kowli
(이란)

해마다 겨울이 되면 롬은 여행하던 길을 멈추고 출발했던 곳으로 돌아와 머무릅니다. 이곳은 가족이 '시작된' 곳이에요.

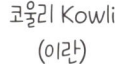

반자라 Banjara
(인도 남부)

가가르 Ghagar
(이집트)

루리 Luri
(서남아시아)

화려한 마차가 우리 집

원래 롬은 구부러진 개암나무 가지로 벤더라 부르는 텐트를 치고, 말이 끄는 수레를 타며 여행을 하고는 했어요. 19세기 중반에 이르러서는 바르도라 부르는 알록달록한 사륜마차를 타기 시작했지요.

바르도는 섬세한 무늬를 새기고 롬의 삶을 밝게 그려서 꾸며요. 내부에는 붙박이 의자와 옷장이 있고 구석에는 침대가 자리하고 있답니다. 대개는 주철로 만든 작은 요리용 스토브가 굴뚝과 함께 딸려 있고요. 화장실은 없어요. 롬은 전통적으로 사람들이 사는 공간 안에 화장실 놓는 것을 금기시하고 있거든요.

바르도는 집시 말이라 부르는 특별한 품종의 말이 끌어요.

현재 롬은 대부분 마차나 트레일러를 타고 여행하지만, 장인 정신이 한껏 발휘된 아름다운 바르도에 엄청난 자부심을 지니고 있답니다. 특히 1840년부터 대략 1920년까지의 바르도 시대는 롬의 역사에서 전성기로 여겨지고 있어요.

전통과 가족이 가장 중요해

롬은 자신들이 사는 나라의 종교를 믿는 경우가 많아요. 크로아티아와 불가리아에 살면 기독교인이 되고 세르비아나 알바니아에 살면 이슬람교를 믿는 식이지요. 이들에게 종교보다도 중요한 것은 '로마니펜', 즉 유랑민의 전통과 가족이 그 무엇보다도 소중하다는 롬의 세계관이랍니다.

끈끈한 가족애

가부장제는 롬에게 아주 중요한 가족관이에요. 남자들은 무릇 일을 하며 돈을 벌어야 하고, 여자들은 아이를 돌보고 살림을 꾸려 나가기를 바라지요. 부부가 결혼하면 남자의 가족은 여자의 가족에게 신부 비용을 지불하고, 신부를 신랑의 집에 데리고 갑니다. 신부가 신랑의 집에 며칠 동안 머물면서 신부 수업을 받고 나면, 부부는 독립하여 따로 살림을 차려요.

가족 간의 유대는 매우 끈끈해요. 대가족을 비트사라 부르는데, 비트사끼리 무리를 지어 여행합니다. 비트사 사이에서는 서로에 대한 충성과 상호 존중이 매우 중요합니다. 가족들 사이에 분쟁이 일어나면 롬의 전통적인 재판소인 크리스로 가서 자신들의 입장을 변호합니다. 만약 어떤 이가 유죄로 판결이 난다면 잡일을 하는 벌을 받아요. 더 심각한 잘못을 저지르면 무리에서 쫓겨날 수도 있습니다.

즐겁게 일해요

과거부터 롬은 이동하며 사는 생활 방식에 맞추어 일을 해 왔어요.
가축을 사고팔거나 악사나 서커스단으로 일하는 식으로요.
땜장이나 대장장이로 생계를 꾸려 나가기도 했어요.
오늘날에는 가축 대신 중고차를 팔고, 대장장이로 일하는 대신
자동차 정비소에서 일하거나 단순 노동으로 돈을 법니다.

음악과 오락은 롬의 일과 삶에 없어서는 안 될
중요한 부분이에요. 중부 유럽에 전해지는
민요들 대부분에 이들의 춤과 노래가 서려 있지요.
이를테면 라우타리라는 음악가들은
루마니아와 불가리아의 결혼식에서 음악을 연주해요.
이들의 즉흥적이면서도 복잡한 화음은 유럽의 클래식과
재즈 음악가들에게 오랫동안 많은 영향을 주었답니다.

스페인의 플라멩코처럼
유명한 민속춤은 롬 문화에서
비롯된 것으로 전해지고 있어요.

차별받지 않는 미래를 위해

롬은 많은 어려움에 처해 있어요. 대부분 한곳에 정착해서 살고 있지만, 유럽에서는 여전히 불이익을 가장 심하게 받는 소수 민족으로 남아 있거든요. 이들은 문맹률도 가장 높고, 높은 실업률과 영양 부족에 시달리고 있어 삶에 대한 기대치가 가장 낮아요. 롬의 생활에 대한 오해가 정착민과 정부에 널리 퍼져 있지요(롬에 대한 편견을 '반집시주의'라 부릅니다). 롬에게 가해지는 끔찍한 박해는 동유럽에서 드문 일이 아니에요. 어떤 나라에서는 롬 어린이들이 교육의 질이 낮은 특수 학교에만 다니도록 하고 있답니다.

롬은 이제 부당함에 맞서 싸우기 위해 일어서고 있어요.
젊은 활동가들과 대학 교육을 받은 이들이 점점
늘어나면서 공동체를 조직하도록 돕고,
정치 활동을 통해 사회의 변화를 이끌어 내기 위해
노력하고 있지요.

마사이

마사이인은 목축업을 하는 유목민이에요.
소 떼를 따라 아프리카 동부에 위치한 그레이트 리프트 밸리의 탁 트인
사바나 위를 여행하지요.

원래 남수단에서 시작된 마사이인은 15세기에 케냐와 북부 탄자니아로 이동했어요.
이들은 강력한 전투력을 무기 삼아 1800년대까지 방대한 영토를 지배했지요.
하지만 20세기 초, 가뭄과 질병, 외부의 침략에 시달리며 영토가 절반으로 줄어들고 말았어요.

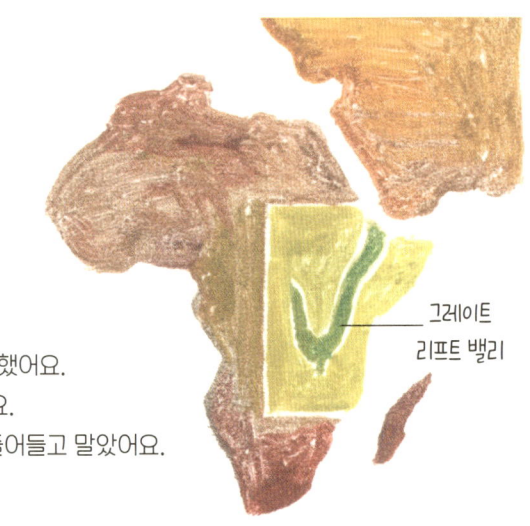

그레이트 리프트 밸리

사바나는 나무가 드문드문 서 있는 광활한 목초지랍니다.
젊은 전사들은 계절이 바뀔 때마다 소 떼를 다른 곳으로 몰고 가야 해요.
소들이 풀을 다 뜯고 나면 다시 자랄 시간을 줘야 하기 때문이지요.

현재 마사이인의 수는 대략 백만 명이에요. 케냐 인구의 2퍼센트에 불과하지만,
남다른 전통과 자랑스러운 문화유산 덕분에 전 세계적으로 유명해요.
수세기 동안 자신들의 혈통과 전통을 잊지 않으려 엄청난 노력을 한 결과이지요.
마사이인은 '마'라는 언어를 쓰는데 나일 계곡에서 그 뿌리를 찾을 수 있답니다.

마사이인은 창과 곤봉을 선수처럼 잘 다룬답니다.
마사이인이 쓰는 곤봉을 오링카라 불러요.
무려 100미터나 떨어진 거리에서도 정확히 던질 수 있지요.

마사이인은 이렇게 살아요

마사이인이 사는 집을 인카지지크라 부르는데, 막대기와 나뭇가지를 엮어서 타원형으로 뼈대를 세운 다음, 그 위에 진흙과 풀, 소똥과 오줌, 재를 섞은 뒤 덮어서 만들어요. 가족들은 5제곱미터밖에 되지 않는 이 작은 공간에서 요리하고 밥을 먹으며, 잠도 잡니다.

집 주위에는 울타리를 치고 밤이 되면 가축들을 모두 안에 몰아넣습니다. 가시가 있는 울타리 덕분에 야생 동물이 가까이 오지 못해요.

소는 마사이인에게 가장 중요한 가축이랍니다. 가족과 부족 들은 소를 교환하며 정을 나누어요. 남자의 부는 가축의 수로 가늠하지요. 소에서 얻은 우유와 생고기가 마사이인의 주식이며, 이따금 소의 피를 먹기도 해요. 가축의 수가 줄어들며 쌀과 감자, 양배추와 같은 채소와 곡물이 점점 더 중요해지고 있어요.

옷과 장신구가 화려해요

슈카는 마사이인이 입는 옷 중에 가장 유명해요. 면을 두껍게 짜서 만든 담요인데 어깨에 걸쳐서 입어요. 원래는 동물 가죽으로 만들었지만 1960년대에 면으로 바뀌었어요. 슈카는 보통 붉은색인데, 용맹함과 더불어 소의 피를 상징한다고 해요. 바닷가 근처에 사는 마사이 남자들은 키코이라는 줄무늬 천을 허리에 둘러 입기도 해요. 여자들은 캉가라는 천을 어깨에 두릅니다.

마사이 남성과 여성 모두 귓불을 뚫어서 기다란 쇠붙이나 구슬로 장식한 고리를 치렁치렁 달아요.

마사이인은 뛰어난 구슬 공예 장인으로도 잘 알려져 있어요. 형형색색의 구슬을 꿰어 만든 목걸이와 팔찌 등을 몇 겹씩 겹쳐서 걸 때가 많아요. 구슬이 얼마나 복잡한 패턴으로 만들어졌는지에 따라 부족 안에서 목걸이 주인의 나이와 지위를 가늠할 수 있어요.

오직 우두머리의 위치에 있는 전사만이 머리를 길게 기를 수 있어요. 그리고 복잡한 모양으로 머리를 땋거나 황토색으로 머리를 염색하기도 하고, 피부를 붉게 칠할 수 있지요. 전사들은 자신의 용맹함을 보여 주기 위해 일부러 뜨겁게 달군 칼로 몸에 상처를 낸다고 해요.

춤을 사랑하는 부족

마사이인은 폴짝폴짝 뛰며 춤을 춘다고 해요. 이 춤의 이름은 아다무인데, 주로 에우노토라고 하는 특별한 의식 말미에 하지요. 바로 소년이 전사가 되는 의식이랍니다. 모라니(하급 전사)는 반원을 그리고 서서 일정한 리듬에 맞추어 노래를 부릅니다.

전사들은 돌아가며 공중으로 풀쩍 뛰어오릅니다. 거의 50센티미터까지 뛰어오를 때도 있어요. 나머지 전사들은 음악에 몸을 맡기며 고개를 앞뒤로 흔들어요.

마사이인의 사회는 나이에 따라 위계질서가 잡혀 있어요. 모라니라고도 하는 하급 전사들은 열네 살로 가장 어리지요. 이들은 덤불 속에 동떨어져 살면서 부족의 관습과 인내심을 배울 뿐만 아니라 땅과의 유대 관계도 돈독히 쌓습니다. 대략 서른 살이 되면 상급 전사가 되어요. 마흔다섯 살이 되면 하급 원로가 되고, 예순 살이 되면 상급 원로가 되어 부족에 관한 결정권을 가지게 됩니다.

마사이의 신 엔가이

마사이인의 신을 가리켜 엔가이라 불러요.
엔가이가 자애로운 기분이 들 때에는
엔가이 나록(검은 신)이 되지만,
화가 나거나 복수심에 불타오를 때에는
엔가이 나뇨키에(붉은 신)가 됩니다.

마사이인은 엔가이가
소를 창조했다고 믿어요.
마사이인이 소를 돌보도록
하기 위해서요. 어떤 마사이인은
엔가이를 믿으면서 동시에
기독교나 이슬람교를
믿기도 합니다.

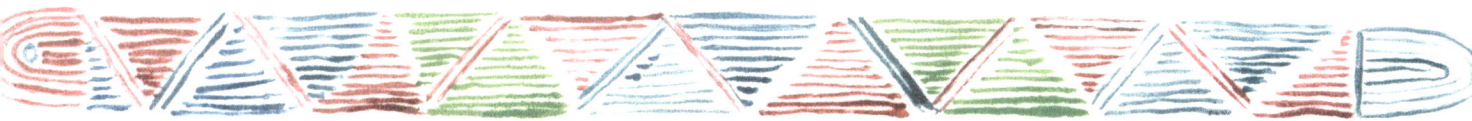

마사이인의 토템(종교적 상징물)은 사자예요.
옛날에 젊은 남자들은 성인식을 치를 때 사자를
죽이곤 했대요.

오늘날에는 사자 사냥이 금지되어 있지만, 마사이인의
가축에 피해를 주는 사자를 죽일 때도 있어요.
사자를 죽인 남자는 위대한 영웅으로 칭송받지요.

미래를 대비하기 위하여

모든 유목민 사회가 그렇지만, 마사이인도 현대 문제에 적응하느라 애를 먹고 있어요. 마사이인이 살던 땅은 개인 농장이 되어 버리거나 야생 동물 보호 구역, 정부 사업지가 되고 말았지요.
남아 있는 땅은 너무나 메마르고 척박한데다, 기후 변화에도 취약해요. 가뭄이 잦을 만하면 찾아오고, 가축의 규모도 이전보다 훨씬 줄어들고 말았답니다.

한때 마사이인들이 살았던 땅의 넓이는 30만 제곱킬로미터가 넘었답니다. 지금은 아래만큼 줄어들었어요.

케냐와 탄자니아 정부는 마사이인에게 떠돌아다니던 유목민의 삶을 포기하고 정착하여 살도록 적극적으로 권장하고 있어요.

관광업이 그나마 새로운 수입원으로 떠오르고 있어요. 마사이인은 자신이 만든
장신구를 팔고 여행객들에게 지역에 대한 해박한 지식을 아낌없이 나누어 준답니다.
하지만 예로부터 내려온 전통을 단순화하고 외부인들이 쉽게 접근할 수 있도록 만들면
그만큼 마사이인의 전통적 가치를 떨어뜨리는 결과를 낳을 수도 있어요.

그래도 마사이인은 융통성이 아주 뛰어난 사람들이에요. 자신의 독특한 정체성을
잃지 않으면서도 현대적 요소를 적절히 채택하거나 거부할 줄 알지요.
지난 25년 동안 마사이인의 인구는 두 배가 되었어요. 그리고 공동체를 조직적으로 갖추어
자신의 목소리를 내고 마사이인의 권리를 보호하는 데 적극 앞장서고 있답니다.

사마바자우

사마바자우인은 필리핀과 말레이시아, 인도네시아 해안가에 사는 수상 부족이에요. 작살로 물고기를 잡거나 미역이나 조개와 같은 해산물을 팔며 생계를 유지하지요.

천 년이 넘도록 사마바자우인은 레파라 부르는 나무배 위에서 살았어요. 해산물을 팔거나 폭풍우를 피할 때에만 바닷가로 올라왔지요.

사마바자우에는 여러 작은 부족이 있는데, 각자 독자적인 풍습이 있고 사용하는 언어도 다양하답니다. 부족은 크게 두 종류로 나눌 수 있어요.

집을 짓고 주로 육지에서 생활하는 사마딜라야, 그리고 예로부터 바다에서만 살고 육지에는 가끔씩만 올라왔던 사마딜라우트가 있어요.

바다와 함께 살아요

레파는 사마인의 전통 배예요. 한때 바다 유목민이던
이들의 유일한 보금자리였지요.

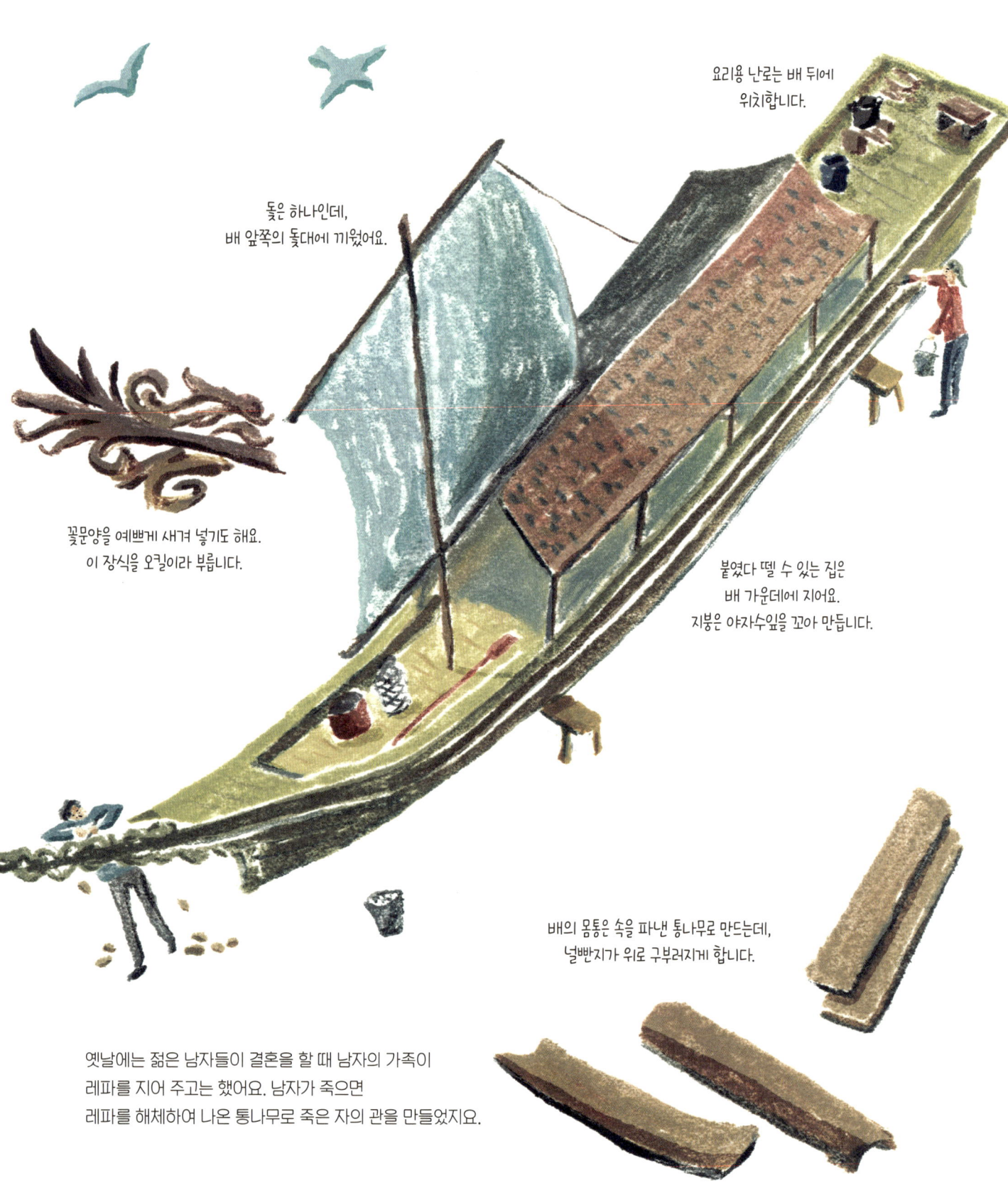

요리용 난로는 배 뒤에 위치합니다.

돛은 하나인데,
배 앞쪽의 돛대에 끼웠어요.

꽃문양을 예쁘게 새겨 넣기도 해요.
이 장식을 오킬이라 부릅니다.

붙였다 뗄 수 있는 집은
배 가운데에 지어요.
지붕은 야자수잎을 꼬아 만듭니다.

배의 몸통은 속을 파낸 통나무로 만드는데,
널빤지가 위로 구부러지게 합니다.

옛날에는 젊은 남자들이 결혼을 할 때 남자의 가족이
레파를 지어 주고는 했어요. 남자가 죽으면
레파를 해체하여 나온 통나무로 죽은 자의 관을 만들었지요.

오늘날 사마바자우인은 대부분 얕은 해안가 위에 기둥을 세우고 그 위에 집을 올려서 살아요. 집들은 좁은 나무다리로 이어져 있는데, 사람들로 빽빽해서 북적일 때가 많아요. 레파도 여전히 쓰지만 집으로 사용하지는 않는답니다.

집 안으로 들어가 보면 보통 커다란 방이 하나 있고 그 옆에 부엌이 딸려 있어요.

조상신 움보와 옛이야기

대부분의 사마바자우인은 이슬람교이지만, 전통적인 옛 종교를 고수하는 사람들도 있어요.

사마인의 조상을 '움보'라 불러요. 움보는 바다에서의 운을 좌지우지한답니다. 그래서 자비를 내려 주거나 사고를 일으키기도 해요. 배마다 각자 수호신도 있어요. 배의 주인이 행운을 바란다면 수호신의 화를 반드시 달래 주어야 합니다.

사마바자우인은 한때 육지에 살았던 과거의 이야기를 들려줍니다. 육지의 왕에게는 딸이 하나 있었는데, 어느 날 폭풍우에 휘말려 바다로 쓸려 가고 말았어요. 사마바자우인들은 딸을 찾으라는 왕의 명령을 받아 바다를 샅샅이 훑어보았지만 흔적조차 찾을 수 없었답니다.

그래서 육지로 돌아가 벼락 같이 화를 내는 왕의 모습을 보느니 바다에 남아 영원히 떠돌아다니며 살기로 했대요.

바다와 멀어지는 미래는

바다 위를 떠돌며 사는 사마바자우 사람들의 수는 점차 줄어들고 있어요. 상업용으로 운행하는 저인망 어선 때문에 작살로 물고기를 잡는 일이 불가능해졌고요, 어떤 바자우인들은 먹고 살기 위해 폭파 낚시*, 시안화나트륨 낚시**, 산호초 채취 등 환경을 파괴하는 일에 의존하고 있어요.

레파 역시 만들기도 어려울 뿐더러 관리하기도 힘들어졌습니다. 원래는 가벼운 나무로 만들었지만, 현재 이 나무들이 멸종 위기에 처해 이제는 더 무거운 나무로 만들 수밖에 없어요. 그 결과 레파에 모터를 달아야 했고, 결국 가격도 비싸지고 환경에도 좋지 않은 결과를 낳게 되었지요.

*폭발물을 던져 물고기를 대량으로 잡는 낚시법
**시안화나트륨이라는 독을 바다에 풀어 물고기를 기절시켜 잡는 방식

떠돌며 살던 사람들이 해안가로 점점 더 많이 이주하고 기둥 위에 집을 짓고 사는 공동체의 규모가 점점 더 커지면서 생활 수준이 이전보다 떨어지고 사람들 사이에 마찰도 커지는 결과를 낳고 있어요.

야노마미

야노마미인은 아마존 열대 우림에 남아 있는 마지막 아메리카 원주민 부족 중 하나입니다. 야노마미인은 브라질과 베네수엘라 사이 국경에서 작은 마을을 이루어 살아요.

야노마미인은 정착 생활과 이동 생활을 반반씩 해요. 아마존의 토양은 그다지 비옥하지 않기 때문에, 4년에서 5년에 한 번씩 작물이 말라 죽으면 다른 지역으로 옮겨서 살곤 한답니다.

지금까지 남아 있다고 알려진 야노마미인은 대략 3만 8천 명이에요.
이들은 자신을 한 나라의 국민으로 생각하지 않고,
개별 공동체의 일원으로 보고 있지요.

야노마미인은 옛날부터 공격적인 성향이 강했어요.
두려움 없는 전사지요. 우호적이라 여기는 공동체와는 교역을 하고
그렇지 않은 부족과는 무자비하게 전쟁을 벌이며 삶을 이어 갑니다.

공동체의 일원은 누구나 평등하다고 여겨요.
야노마미인에게도 '투사와'라 부르는
우두머리가 있지만, 중요한 결정은 다 함께
상의해서 내립니다.

모두 함께 살아요

야노마미 공동체는 직물을 커다랗게 엮어 만든 구조물에서 더불어 살아요. 이 집을 '샤노보'라 부르는데, 타원 모양에 가운데는 뻥 뚫려 있어요. 샤노보는 한 가족이 살 수 있도록 구획이 나뉘어 있습니다. 지붕이 있는 곳도 있지만, 구획 사이에 벽이 놓여 있지는 않아요.

밤에는 모닥불 가까이에 있는 해먹에서 잠을 잡니다.

가운데에서는 의식을 치르거나 축제와 놀이를 즐겨요.

샤노보 주위에는 텃밭이 있어요.
야노마미인은 여기에 카사바(고구마처럼 생긴 열대 식물)와 플렌테인(바나나의 일종)을 기르지요.
이렇게 농작물을 주식으로 먹다 보니, 땅이 척박해지면 비옥한 곳을 찾아 집을 옮길 수밖에 없어요.

옷보다는 장식

야노마미인은 얼굴에 독특한 모양으로
구멍을 뚫습니다. 가느다란 뼈나
나무 막대를 귀나 코, 입술, 볼에 꽂아요.
때로는 새의 깃털로 장식도 한답니다.

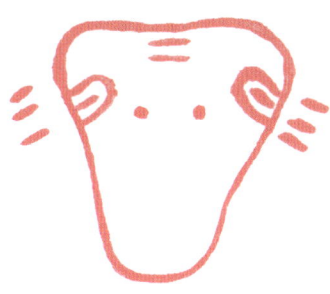

붉은색 또는 검은색 물감으로 선, 점, 물결 모양과
기하학적인 문양을 얼굴과 몸에 그리기도 합니다.
몸에 무늬를 제대로 그리지도 않고 친구의 집을
방문하면 아주 무례하다고 생각해요.

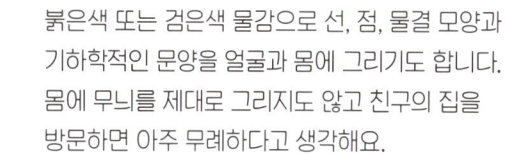
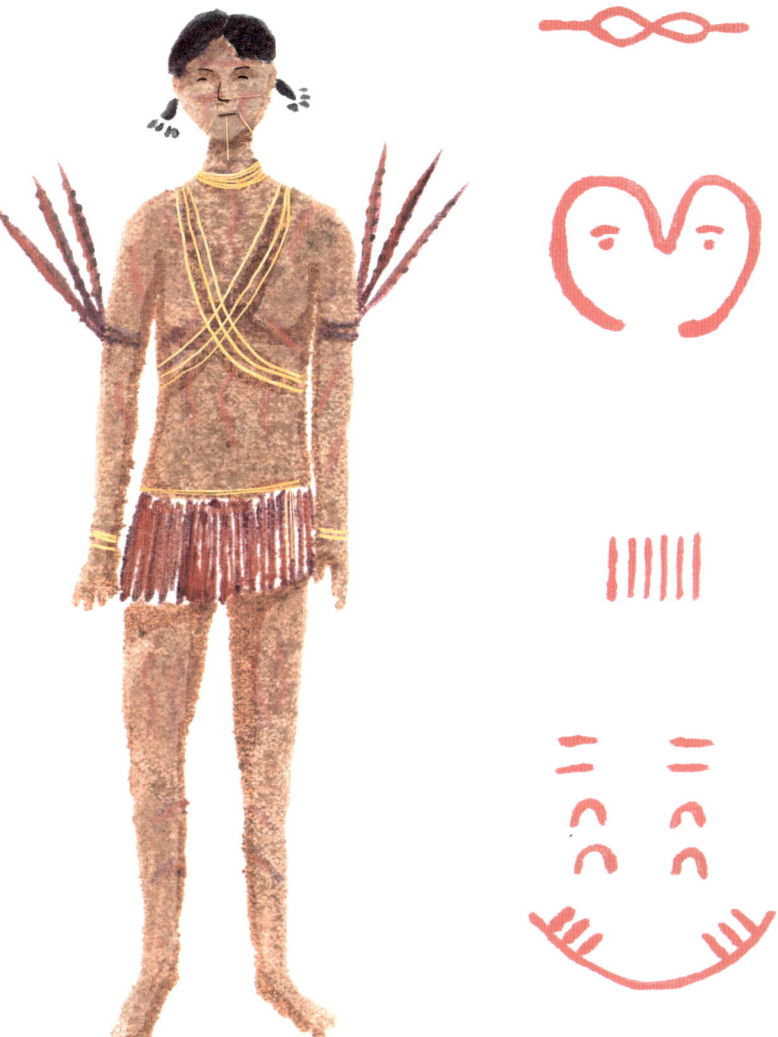

이와 별개로 야노마미인은 옷을 거의 입지 않아요.
아마존 지역은 습도가 매우 높고 더워서
옷을 입으면 불편하기만 하지요. 그래서 허리에 두르는
천을 빼고는 거의 벌거벗고 산답니다.
특별한 때에만 남자들이 새의 깃털로 만든 완장을
팔에 두르거나 두건을 머리에 쓰곤 해요.

63

농작물과 생선, 고기 등 여러 가지를 먹어요

야노마미인은 밭에서 기르는 농작물을 주식으로 먹지만 사냥을 하거나 낚시도 하고, 열대 우림에서
약초를 따거나 먹을 수 있는 곤충을 채집하기도 해요. 이들은 열대 우림의 식물에 관해 모르는 것이 없답니다.
500종류가 넘는 식물을 음식과 약으로 써요.

야노마미인은 덩굴 식물을 찧어 만든 특별한 독을 이용해 물고기를 잡아요. 독에 중독된 물고기가 기절하면 수면 위로 떠오르는데, 그때 바구니로 떠서 잡지요.

야노마미인이 먹는 음식 중 고기의 비중은 아주 작아요. 사냥꾼은 자신이 죽인 동물의 고기를 먹지 않습니다. 나머지 부족민에게 가져다주고 대신 다른 사냥꾼이 잡은 고기를 먹지요.

여성들은 음식을 담는 용도로 바구니를 엮어 만들어요. 바구니는 '오노토'라 부르는 딸기류의 즙으로 붉게 물들이지요.

모든 것에 영혼이 깃들어 있어요

정신적 세계는 야노마미인에게 매우 중요합니다. 모든 생명은 물론 돌, 나무, 산에는 '사프리페'라는 정령이 깃들어 있어요.

공동체의 주술사는 환영을 볼 수 있게 해 주는 독성 식물을 먹어요. 그러면 정령들과 소통할 수 있다고 합니다.

바깥세상과 맞닥뜨린 미래

야노마미인은 현대에 들어 심각한 위협을 받고 있어요. 1970년대에 아마존 북쪽 입구를 뚫는 길이 건설되자 이전에는 발길이 닿을 수 없었던 곳까지 벌목업자와 목축업자 들이 들어왔어요. 그 결과 열대 우림 곳곳이 개간되어 목초지로 바뀌고 말았지요.

'가림페이루'라 불리는 금광업자들도 일확천금을 노리고 열대 우림으로 들이닥쳤어요. 이들은 무자비하게 폭력을 휘둘렀고 전염병도 옮겼지요. 야노마미인은 외부인들과 접촉한 적이 거의 없었기 때문에 질병에 취약했어요. 병원에 가기도 힘든 상황에서 많은 원주민들이 병으로 쓰러지고 말았습니다.

이제 야노마미인은 다양한 활동을 통해 현재의 상황을 알리려고 합니다. 자신들의 터전을 보호하고 의료 혜택을 잘 받을 수 있도록 적극적으로 나서고 있어요.

일부 야노마미인은 열대 우림을 떠나 정착하여 살기로 했어요. 하지만 다른 야노마미 공동체는 여전히 전통적인 생활 방식을 고수하고 있지요. 지금도 열대 우림 깊숙한 곳에는 바깥 세상과 한번도 접촉한 적이 없는 야노마미인이 살고 있다고 해요.

방랑… 그리고 변화

유목민들의 문화는 크나큰 문제와 마주하고 있어요. 이들 대부분이 사막과 초원, 툰드라 등 척박한 지역에 살고 있는데, 이러한 환경은 크기가 어마어마한데다 누군가가 땅을 소유하지도 않고 농사도 짓지 않아요. 그래서 작게 부족을 이루어 이동을 하는 사람들에게 더할 나위 없이 완벽한 조건이지요. 하지만 기후 변화에 가장 큰 영향을 받는 환경이기도 해요. 심각한 가뭄이나 폭풍우 때문에 몽골인이나 네네츠인과 같은 유목민들은 생활을 꾸려 가기가 더욱 힘들어지고 말았지요. 그런가 하면 전통적으로 여행을 다니던 길은 예전처럼 가축들에게 질 좋은 먹이를 구할 수 없게 되었어요.

불모지로 통하던 유목민의 땅에 또 다른 위험이 불어닥치고 있습니다. 천연가스와 석유, 값비싼 광물을 은밀하게 품고 있었기 때문이지요. 이 때문에 유목민들은 예로부터 내려오던 터전에서 밀려나게 되었고 그 자리를 정부와 기업이 차지했어요. 주변의 토양이 채굴 과정에서 버려진 쓰레기로 오염될 때도 있고요.

유목민들의 생활 방식은 기존의 체계적인 사회와는 결이 맞지 않아요. 그래서 정착민은 유목민을 의심스러운 눈으로 바라볼 때가 많습니다. 유목민들은 '미개하고' 자신들의 안전을 위협한다고 생각하지요. 항간에는 정부가 유목민들에게 한곳에 정착하도록 강요하거나 공공연한 차별을 눈감아 주기도 합니다.

유목민의 미래는 잿빛으로 가득해 보이지만, 여전히 희망은 있습니다. 오랜 역사를 지닌 여행자로서 이들은 세상을 떠돌아다니며 다른 문화를 기꺼이 받아들였어요. 그 덕분에 유목민들은 개방적이면서도 유연한 사고 방식을 지니게 되었고 새로운 환경에도 잘 적응할 수 있는 토대를 만들었지요. 많은 유목민 문화는 자동차와 트럭, 인터넷과 태양 에너지 등 현대 사회의 생활 방식을 받아들여 생활이 더욱 편리해지도록 도모했습니다. 어떤 지역에서는 유목민의 권리를 더욱 존중했습니다. 유목민이 거쳐 간 땅 덕분에 나라가 부유해졌으니까요.

오늘날에도 세상에 '집'이라는 개념과 남다른 관계에 있는 사람들이 많습니다. 정치적인 이유로 이민을 가거나 난민이 된 사람들은 원래 살던 집을 떠날 수밖에 없습니다. 어쩔 수 없이 불안정한 삶을 이어 가야 하는 사람들도 여전히 많아요. 생활비가 치솟아서, 그리고 자본주의 가치에 의심이 생겨 캠핑카와 같은 이동 수단을 타고 다니며 사는 사람들이 늘고 있어요. 어떤 이들은 스스로 '디지털 유목민'이라 부릅니다. 새로운 곳을 여행하고 경험하며 원격으로 일하는 사람들이지요.

그렇다고 이들이 정말 유목민이 되는 것은 아닙니다. 유목민들은 수천 년 전부터 해마다 길을 따라다니며 자신들만의 여행 방식을 만들어 왔으니까요. 하지만 전통적 사회 구조에서 벗어나 살던 사람들이 어떠한 어려움에 처해 있는지 알 수 있는 계기를 만들어 주었어요. 또한 사람들이 물질 만능주의에서 벗어나 자연과 벗하며 사는 새로운 생활 방식에 눈을 뜨게 해 주었지요.

유목민 문화에 관심이 높아지자 여행 수요도 덩달아 늘어났습니다. 바깥세상과 단절되어 살던 유목민 사회는 이제 더 이상 과거와 같은 삶을 살지 않아요. 관광업으로 유목민들의 생계를 돕고 외부인들에게 유목민의 유구한 역사를 알릴 수 있지만, 유목민들에게 피해를 끼칠 수도 있습니다. 유목민들 대대로 이어져 내려온 삶보다는 관광업에 의존하게 되니까요. 가치 있는 삶의 방식을 단순화하고 좋은 점만 바라보려 하면 오히려 그 가치를 떨어뜨릴 수 있습니다.

이 책을 통해 지금까지 배운 공동체 사회는 소외되고 있어요. 점점 사회의 변방으로 밀려나 사라질 위기에 처해 있다는 말이지요. 우리는 유목민들의 문화를 소중히 간직하고 지켜 주어야 해요. 유목민 문화가 사라지면 현재 우리들의 모습과 생활 방식을 이어 주었던 그들의 옛 전통을 잃어버리게 될 테니까요.

가장 마음에 드는 집은 무엇인가요?

아래에 유목민들이 여행을 할 때 꼭 필요한 것들이 있어요.
여러분들에게 가장 중요한 준비물들을 골라 보세요.

용어 해설

게르 Ger	몽골 유목민들이 사용하는 둥근 텐트.
구스 gus	네네츠인들이 겨울에 입는 외투.
델 Del	몽골 유목민들이 입는 무겁고 망토 같은 코트.
라우타리 lautari	동유럽에서 많이 활동하는 롬의 민속 음악가.
레파 lepa	사마바자우인이 사용하던 거주용 배.
로마니펜 Romanipen	유목민 전통과 가족의 가치가 가장 중요하다고 믿는 롬의 세계관.
말리차 malitsa	네네츠 유목민들이 입던 순록 가죽 코트.
모라니 moranni	하급 마사이 전사.
바르도 vardo	롬이 끌고 다니는 화려한 마차.
부즈 Buuz	몽골인들의 고기만두.
비트사 vitsa	롬의 대가족.
사프리페 xapripe	야노마미인의 조상과 정령. 부족의 무당과 소통할 수 있다고 해요.
샤가이 shagai	양의 발목뼈. 몽골 유목민들이 게임의 말로 썼어요.
샤노보 shanobo	직물을 엮어서 만든 구조물로 야노마미인들이 공동 주거 공간으로 사용해요.
슈카 Shuka	면으로 두껍게 짠 담요로 마사이인의 어깨에 둘러요.
스텝 steppe	광활하면서도 나무가 거의 없는 초원. 몽골 대부분이 스텝으로 이루어져 있어요.
아다무 Adamu	미사이의 젊은 전사들이 추는 춤. 순서대로 돌아가며 하늘 높이 뜁니다.
아이락 Airag	암말의 젖을 발효하여 만든 음료로 몽골 유목민들이 마셔요.
아타이 Atai	투아레그인이 마시는 녹차.
암가르 Amghar	투아레그인의 우두머리.
앗칭 탄 Atching tan	롬이 여행 중 쉬었다 가는 곳.
에우노토 Eunoto	마사이의 젊은 전사로 인정받는 의식.
오링카 orinka	마사이인이 사용하는 곤봉. 최대 100미터까지 날릴 수 있답니다.
오킬 okil	사마바자우인이 레파를 장식하기 위해 새긴 조각. 섬세한 문양으로 유명합니다.
움보 Umboh	사마바자우인이 모시는 신성한 조상.
이네단 inedan	뛰어난 은세공으로 유명한 투아레그의 장인.
인카지지크 inkajijik	진흙으로 만든 마사이인의 집.
조드 Dzud	뜨겁고 건조한 여름 뒤에 혹독한 겨울이 이어지는 몽골의 날씨를 이르는 말. 가축에게 매우 큰 피해를 입힙니다.
춤 Chum	네네츠인이 사는 고깔 모양의 텐트. 아메리카 원주민들의 티피 텐트와 비슷해요.
칸데야르 Khandeyar	야말 반도 남쪽, 시베리아의 숲에 사는 네네츠인.
크리스 kris	롬의 전통적인 재판.
타겔무스트 tagelmust	투아레그 남자들이 쓰는 남색 두건.
타나길트 Tanaghilt	투아레그의 십자가 목걸이로, 네 귀퉁이는 지구의 모서리 네 곳을 의미합니다.
타디비아 tadibya	네네츠의 무당.
타코바 takoba	투아레그인이 쓰는 칼. 길고 곧은 모양이에요.
투노 toono	몽골인들이 사는 게르의 지붕에 뚫어 놓은 개방형 굴뚝.
투사와 tuxawa	야노마미의 지도자.
허르헉 Khorkhog	몽골인들이 먹는 고기 요리.